TIMELINEMAG NUMERO TRES

GOBERNANTES DEL MUNDO EN EL CUMPLEAÑOS OCHENTA DEL PAPA FRANCISCO

(ordenados por año de nacimiento)

Diciembre 17, 2016

TIMELINEMAG

es una serie de publicaciones creada por Roberto A. Wong
el contenido está basado en varios materiales consultados por el autor
con la mejor intención de brindar datos confiables.

Para consulta o comentarios puede contactar a
Wong en rob1456816@gmail.com

Otros materiales del autor en: lamediarueda.blogspot.com

Jorge Mario Bergoglio, decendiente de italianos nacido en Buenos Aires, Argentina, hoy Papa Francisco, decidió ser sacerdote a los veintiún años de edad; supo de su vocación religiosa desde sus años como estudiante de técnico químico y su posterior ocupación como tal. También es graduado de filosofía de la cual fue profesor.

Los hitos más importantes en su carrera eclesiástica son su ordenación como sacerdote de la Compañía de Jesús en 1969, su designación como obispo en en 1992, luego arzobispo en 1997 y cardenal en 2001; finalmente, sucede a Benedicto XVI como Jefe de Estado y soberano de Ciudad Vaticano y líder de la Iglesia Católica; esto último sucedió en Marzo 13, 2013 siendo el primer Papa del hemisferio occidental y del hemisferio sur; no se conocía de un papa no europeo desde Gregorio III, de origen sirio (731-741); también es el primer papa jesuita.

Mientras Bergoglio desarrollaba su carrera en su país natal se gestaron varios golpes de estado; también surgió el peronismo, este devino en justicialismo y en la última etapa fue protagonizado por el matrimonio Kirchner; al final del gobierno de Cristina Fernandez de Kirchner es cuando Bergoglio es investido como Papa.

Desde 1936, año de nacimiento del actual Papa han estado al frente de la Iglesia Católica siete pontifices siendo Juan Pablo II el de más largo servicio

Francisco Bergoglio se ha presentado como un líder religioso menos ortodoxo y dispuesto a acercarse a muchos sectores tradicionalmente discriminados por la Iglesia Católica; de cierta manera está más en tono con una época de tolerancia y concesiones morales; esto y su imagen más humilde, menos ostentosa, lo cual lo acerca a las grandes masas han hecho recuperar el carisma del Papa, algo perdido en la etapa de su antecesor.

Por otra parte le ha tocado ejercer su pontificado en años convulsos donde el sufrimiento humano parece estarse llevando al límite; no sólo se están desarrollando innumerables conflictos armados sino que en estos se exponen la extrema indolencia e impiedad del ser humano; si bien la historia humana está llena de esto la masiva difusion de las noticias hoy dia nos bombardea a diario con todas estas atrocidades y pudiera dudarse de la eficiencia de la cristiandad en estos dos milenios intentanto insuflar compasión y amor por el prójimo. Le correpone al Papa enfrentar este cuestionamiento y seguir llevando el mensaje de compasión y redención.

1924

FEBRERO 21: Robert Mugabe
Presidente de República de Zimbabwe desde Diciembre 22, 1987
tras siete años como Primer Ministro.

Graduado de las universidades de Fort Hare, Sudáfrica; Universidad
de Sudáfrica y Universidad de Londres (por correspondencia).

Nacido en el distrito Zvimba, Rodesia del Sur (nombre del país hasta 1979)
dos años después de haberse obtenido la independencia de Gran Bretaña;
el país era dominado por una minoría de blancos.

JEFE DE ESTADO DE MAS EDAD

1926

ABRIL 21: Elizabeth II
Reina de Inglaterra desde Febrero 6, 1952
Es jefa de estado de otros quince paises los cuales conforman
la Mancomunidad Británica de Naciones.

Nacida Elizabeth Alezandra Mary en Londres, Inglaterra
durante el reinado de su padre George VI (1895-1952).

Elizabeth es el monarca de más edad en funciones y el monarca británico
de más largo reino tras sobrepasar a de su tatarabuela la Reina Victoria.

JEFE DE ESTADO DE MAS LARGO SERVICIO

NOVIEMBRE 29: Mohamed Béji Caib Essebsi
Presidente de República Tunecina desde Diciembre 31, 2014
sirvió tres veces como Primer Ministro.

Abogado graduado en París, Francia.

Nacido en Sidi Bou Said, siendo el país protectorado francés.
Béji Caib desciende de la casta militar conocida como "mamelucos"
esclavos que lograron alcanzar altos rangos militares;
durante el Imperio Otomano.

JEFE DE ESTADO DE MAS EDAD EN MEDIO ORIENTE

1929 **JUNIO 16: Shaba Al Ahmad Al Jaber Al Shaba**
Emir del Estado de Kuwait desde Enero 29, 2006
Educado por tutores.

Nacido en Kuwait bajo protectorado británico.

Existe un parlamento pero el Emir conserva grandes poderes

JUNIO 3: Raúl Castro Ruz
Presidente de República de Cuba
desde Julio 31, 2006 (dos primeros años como interino)

Militar

Nacido en Birán, antigua provincia de Oriente, Cuba
(hoy día Birán pertenece a provincia Holguín) al final de la presidencia
de Gerardo Machado (1871-1939) depuesto en Agosto, 1933.

1931

PRESIDENTE DE MAS EDAD EN AMERICA

Cuba es un estado comunista de sistema unipartidista
Raúl Castro es el continuador de su hermano Fidel, líder de la Revolución Cubana de 1959.
Raúl fue el jefe del ejército y el segundo en todas las instancias de gobierno nacional
encabezadas por Fidel quien al enfermar le delega el poder.

85

1933

FEBRERO 13: Paul Biya
Presidente de República de Camerún
desde Noviembre 6,1982, tras siete años como Primer Ministro.
ha ganado todas las elecciones desde 1982, la última en 2011

Graduado de Derecho Público en la Sorbona de París.

Nacido en Mvomeka en la región conocida entre 1918 y 1960
como Camerún Francés o Camerún Oriental.

Jefe de estado no monárquico de más tiempo en el puesto.

FEBRERO 18: Michel Aoun
Presidente de República Líbanesa
desde Octubre 31, 2016

Militar (artillero)

Nacido en Haret Hreyk, Líbano siendo el país
Mandato de la Liga de las Naciones bajo control francés.

DICIEMBRE 23: Akihito, Emperador de Japón
desde Enero 7, 1989

Unico jefe de estado
con el título
de Emperador

Educado por tutores.
Ha publicado varios trabajos de investigación en el área de ictiología;
pertenece a sociedades de esta disciplina en Japón, Inglaterra y Argentina.

JEFE DE ESTADO DE MAS EDAD EN ASIA INSULAR Y OCEANIA

Dado su estado delicado de salud Akihito ha dado, en 2016, indicios de querer abdicar
lo cual no está contemplado en la constitución japonesa.

83

1935

MARZO 26: Mahmoud Abbas
Presidente del Estado de Palestina
desde Mayo 8, 2005

Graduado de derecho en la Universidad de Damasco, Siria.

Nacido en Safed estando Palestina bajo mandato británico.

El Estado de Palestina ha dado pasos para su reconocimiento internacional mientras sigue en conflicto con Israel. Abbas, es fundador de la Organzación por la Liberación Palestina junto a la emblemática figura de Yasser Arafat (1929-2004), siendo un político más moderado que este último. Cuando comienza su mandato Palestina era oficialmente llamada "Autoridad Palestina de Cisjordania y Franja de Gaza"

DICIEMBRE 11: Pranab Mukherjee
Presidente de La India
desde Julio 25, 2012 (primer presidente hindú de origen bengalí)
Maestría de Historia y Ciencias Políticas en la Universidad de Calcuta.

Nacido en Murati, Bengal Occidental siendo India colonia británica.

PRESIDENTE DE MAS EDAD EN ASIA CONTINETAL

Se ha llamado a las elecciones de La India "el más grande ejercicio de democracia" dada la cantidad de votantes; realizada en varias etapas en las cuales se eligen puestos en el parlamento y es este quien elige al presidente;.

DICIEMBRE 31: Salmán bin Abdulaziz Al Saud
Rey de Arabia desde Enero 23, 2015 (Monatquía Absoluta)

Nacido en Riyah, Arabia Saudita a tres años de fundado el Reino de Arabia por su padre Abdulaziz (1871-1953)

El trono de la dinastía Saudí ha pasado desde la muerte de su fundador, Abdulaziz (1875-1953) entre sus hijos especialmente los concebidos con Hussa Bin Ahmad Al Sudairi (1900-1969) llamados "los siete sudairis". Salmán es el tercero de los sudairis en coronarse, dos fallecieron antes de llegar al trono durante el reino de Abdullah, predecedor de Salman.

81

1936

FECHA EXACTA DE NACIMIENTO DESCONOCIDA

Ahmed Mahamoud Silanyo
Presidente de Somaliland
desde Julio 27, 2010

Economista con maestría en la Universidad de Manchester, Inglaterra.

Nacido en Burao, Somaliland británica.

80

Para el cumpleaños 80 del Papa Francisco,
(Diciembre 17 de 2016)
ocho presidentes y cuatro monarcas
han cumplido los ochenta años o más.

FEBRERO 21: Harald V
Rey de Noruega desde Enero 17,1991

1937

Estudió Historia, Economía y Política en el Colegio Balliol, Universidad de Oxford, Inglaterra.

Nacido en Skaugum, ubicada en el municipio Asper, tradicionalmente la residencia oficial del principe heredero, durante el reinado de su abuelo y padrino Haakon VII (1872-1953). Primer rey noruego nacido dentro de las fronteras del país desde el siglo XIV.

MARZO 2: Abdelaziz Bouteflika
Presidente de República Popular Democrática de Argelia desde Abril 27, 1999; re-legido tres veces, la útima en 2014.

Educado en una zawilla (escuela islámica) de su ciudad natal. Recibió instrucción militar en la Escuela de Cadetes de Dar El Kebdani, Marruecos.

Nacido en Oujda, Marruecos por la fecha bajo protectorado francés.

AGOSTO 15: Bounnhang Vorachith
Presidente de República Democrática Popular Lao desde Abril 20, 2016

Estudia Economía Política en Viet Nam.

Nacido en Provincia Savannakhet, Indochina Francesa.

Laos es un Estado Comunista de sistema unipartidista, el Partido Popular Revolucionario de Laos rige el país encabezado por el presidente quien es su Secretario General.

1938

ENERO 1ro: Faoud Massoum
Presidente de República de Irak
desde Julio 24, 2014

Graduado de Leyes en Universidad de Baghdad, Irak.

Nacido en Koy Sanjad, Kurdistán, Irak por la fecha Reino de Irak
bajo el Rey Ghazi (1912-1939)

MARZO 1ro: Tufuga Efi
O le o le Malo del Estado Independiente de Samoa
desde Mayo 11, 2007
Es miembro de la élite tribal de Samoa.

Nacido en Moto'otua, Samoa siendo Samoa territorio Neozelandés.

MARZO 4: Alpha Condé
Presidente de Guinea
desde Diciembre 21, 2010; re-elegido en 2015

Graduado en Derecho en la Sorbona de Paris.

OCTUBRE 3: Pedro Pablo Kuczynky
Presidente de República del Perú
desde Julio 28, 2016

Graduado de Política, Filosofía y Economía en el Colegio Exeter, Oxford,
Inglaterra con maestria en Relaciones Públicas
de la Universidad Pricenton, New Jersey, Estados Unidos.

Nacido en Lima, Perú durante la segunda presidencia
de Oscar Benavides (1876-1945).

OCTUBRE 9: Heinz Fischer
Presidente de Austria
desde Julio 8, 2004

Doctor en Leyes de la Universidad de Viena, Austria.

Nació en Graz, estando el país bajo dominio nazi

PRESIDENTE EUROPEO
DE MAS EDAD
desde el retiro
de su homólogo griego
Karolos Papouilas
en Marzo 2015

OCTUBRE 29: Ellen Johnson Sirleaf
Presidenta de República de Liberia
desde Enero 16, 2006, re-elegida en 2011

PREMIO NOBEL
DE LA PAZ 2011

Estudió en el Colegio de Negocios Madison, Wiscosin, el Instituto
de Economía Boulder, Colorado y la Escuela de Gobierno
John F. Kennedy, Massachussetts, todos en Estados Unidos.

Nacida en Monrovia, Liberia
bajo la presidencia de Edwin James Barclay (1882-1955)

SEPTIEMBRE 9: Reuven Rivlin
Presidente del Estado de Israel
desde Julio 24, 2014
Graduado de Leyes de la Universidad Hebrea de Jerusalén.

Nacido Jerusalén, ocho dias después de comenzada
la Segunda Guerra Mundial durante la existencia
del Mandato Británico de Palestina.

ENERO 17: Tabaré Vazquez
Presidente de República Oriental del Uruguay
desde Marzo 1ro 2015

Oncólogo y radioterapeuta de la Universidad de La República, Uruguay.

Nacido Montevideo, Uruguay
durante la presidencia de Gabriel Terra (1873-1942)

ENERO 24: Joachim Gauk
Presidente de República Federal Alemana
desde Marzo 13, 2012

Teólogo, fue pastor luterano.

Nacido Rostock, Alemania a principios de la Segunda Guerra Mundial.

Trabajó para la reunificación de las dos alemanias.

FEBRERO 7: Tony Tan Keng Yam
Presidente de República de Singapur
desde Septiembre 1ro, 2011

Físico matemático; estudió en la Universidad de Singapur,
el Instituto Tecnológico de Massachussetts, Estados Unidos
y la Universidad Adelaide, Australia.

Nacido en Singapur bajo coloniaje británico.

ABRIL16: Margrethe II, Reina de Dinamarca desde Enero 14, 1972

Artista visual, ha hecho varias exposiciones, ilustró una edición
de "El Señor d e los Anillos" bajo el pseudónimo Ingahild Grathmer.

Nacida Margrethe Alexandrine Porhildur Ingrid en Copenhagen, Dinamarca
durante el reinado de su abuelo Christian X (1870-1947)

1940

JULIO 6: Nursultan Nazarbayev
Presidente de República de Kazajastán
desde Diciembre 16, 1991
Ha sido el único presidente de Kazajastán independiente.

Origen obrero del sector metalúrgico.

Nacido en Chemolgan, República Socialista Soviética Kasaja.
En su infancia Nazarbaiev vivió una vida seminómada;
escaló puestos politicos desde su juventud en la era soviética.

SEPTIEMBRE 23: Michel Termer
Presidente interino de República Federativa de Brasil
desde Mayo 12, 2016 (como vicepresidente ocupa el puesto
al ser la presidenta Dilma Rousseff separada del cargo por el parlamento).

Estudió Leyes en la Univerdidad de Sao Paulo,
con un doctorado en la Ponticifia Universidad Católica de Sao Paulo.

Nacido en Tieté, Sao Paulo, Brasil durante
la presidencia constitucional de Petulio Vargas (1882-1956)
quien gobernó posteriormente tras un golpe de estado
en el período conocido como Estado Novo.

NOVIEMBRE 18: Quaboos Bin Said Al Said
Sultán de Omán desde julio 23, 1970 (Monarquía Absoluta)

Educado en Academias militares en India e Inglaterra.

Nacido en Salalah, Gobernación de Dofar,
estando Omán bajo control británico.

DICIEMBRE 23: Mamnoon Hussain
Presidente de República Islámica de Pakistán
desde Septiembre 9, 2013

Empresario textil.

Nacido en Agra, Estado de Upra Pradesh,
India británica.

> Pakistán nace con la escisión de La India cuando esta se independiza de Gran Bretaña . A su vez la partición de Pakistán en 1971 dió lugar al surgimiento

FECHA EXACTA DE NACIMIENTO DESCONOCIDA:

Peter Mutharika
Presidente de República de Malawi
desde Mayo 31, 2014

Estudia Leyes en la Universidades de Londres y Yale, Inglaterra.

Nacido en Chisoka, distrito Thyolo, estando el país protectorado británico .

Peter es hermano de Bingu Wa Mutharika fallecido en 2012 siendo presidente de Malawi.

ABRIL 18: Michael Higgins
Presidente de República de Irlanda
desde Noviembre 11, 2011

Poeta y Sociólogo graduado de la Universidad Nacional de Irlanda.

Nacido en Limerik, Irlanda durante el gobierno de Douglas Hyde
(1880-1949) primer presidente de Irlanda.

JULIO 23: Sergio Matarella
Presidente de República de Italia
desde Febrero 3, 2015

Graduado de leyes de Sapienza, Universidad de Roma.

Nacido en Palermo, Italia
durante el gobierno fascista de Benito Mussolini.

AGOSTO 3: Hage Gottfried Geingob
Presidente de República de Namibia
desde Marzo 21 2015. Había servido como Primer Ministro desde 2012

Graduado en universidades de Filadelfia y New York,
Estados Unidos.

Nacido en Otjiwarongo, Africa del Sudoeste
(nombre de Namibia bajo dominio Alemán)

OCTUBRE 22: Evaristo Carvalho
Presidente de la República Federal de Sao Tomé y Príncipe.
Sirvió como Primer Ministro por dos veces.

Nacido en la provincia de Ultramar de Sao Tomé y Príncipe
bajo juridicción pottuguesa

ENERO 1ro: Alassane Ouattara
Presidente de República de Costa de Marfil
desde Diciembre 4, 2010; re-elegido en 2015

Economista graduado de la Universidad Pretxel, Pensylvania
Estados Unidos.

Nacido en Dimbroko, Costa de Marfil
siendo Costa de Marfil parte del Africa Occidental Francesa.

1942

ABRIL 12: Jacob Zuma
Presidente de Sudáfrica
desde Mayo 9, 2009; re-elegido en 2014

No recibió educación formal

Nacido en Nkandla, Unión Surafricana
predecedora de la república instituida en 1961
Hijo de un policía y una empleada doméstica vive ahora en la opulencia.

JUNIO 5: Teodoro Obiang Nguema
Presidente de República de Guinea Ecuatorial
desde Agosto 3, 1979, se las ha ingeniado para continuar en el poder.

Graduado de la Academia Militar de Zaragoza, España.

Nacido en Acoacán siendo Guinea Ecuatorial colonia española.

AGOSTO 28: José Eduardo Dos Santos
Presidente de República Angola
desde Septiembre 10, 1979

Sucesor de Agostinho Neto, primer presidente de Angola.
desde la independencia de Portugal (fallecido en funciones)

Ingeniero petrolífero graduado en la Unión Soviética.

DICIEMBRE 17: Muhammad Buhari
Presidente de la República Federal de Nigeria
desde Mayo 29, 2015
Gobernó entre 1983 y 1985 tras un golpe de estado.

Militar con entrenamiento
en academias en Inglaterra y Estados Unidos.

Nacido en Daura, estado de Katsina, Nigeria.

1943

FECHAS EXACTA DE NACIMIENTO DESCONOCIDAS

Denis Sassou Nguesso y Charles Savarin
Presidentes de República del Congo (Congo Brazaville)
y de la Manciomunidad de Dominica
desde Octubre 25, 1997 y Octubre 2, 2013 respectivamente

Militar con entrenamiento en Argelia el primero;
Savarin Jurista graduado en el Colegio Ruskin, Oxford, Inglaterra.

Sassou Nguesso nació en Edou siendo el país parte del Africa Occidental
Francesa. Savarin en en Porsmouth, Dominica bajo dominio británico
como "Islas de Sotavento británicas".

ENERO 1ro: Abdul Hamid
Presidente de República Popular de Bangladesh
desde Marzo 15, 2013

Abogado graduado de la Universidad de Dhaka, Bangladesh.

Nacido en Kamalpur, Bangladesh, siendo el país parte de la India
entonces colonia británica.

1944

ENERO 1ro: Omar Al Bashir
Líder político de República de Sudán
desde Juno 30, 1989 (presidente desde 1993)

Militar graduado de las Academias de El Cairo, Egipto y Karthoum, Sudán.

Nacido en Host Bannaga, Sudán,
siendo el país parte del Reino de Egipto bajo Farouk I (1920-1965)
penúltimo monarca de esa región.

Al Bashir tiene orden de arresto emitida por la Corte Internacional de la Haya
por crímenes de Guerra y de Lesa Humanidad relacionados con el conflicto de Darfur.

JUNIO 18: Salvador Sánchez Cerén
Presidente de República de El Salvador
desde junio 1ro 2014

Fue guerrillero.

Nacido en Quezaltepeque, (lomas del quetzal en lengua Nahualt)
El Salvador en tiempos de gran violencia en el país
cuando se sucedieron varios gobiernos inconstitucionales.

SEPTIEMBRE 15: Yoweri Museveni
Presidente de República de Uganda
desde Enero 29, 1986

Estudió Economía y Ciencias Políticas
en la Universidad de Dar es Salam, Tanzania.
Recibió entrenamiento militar en Mozambique.

Nacido en Ntungamo (sur del país) siendo Uganda protectorado británico.

Museveni luchó contra dos dictadores de su pais para devenir en uno más de quienes se aferran
al poder; en enero 2016 se realizan otras de las elecciones de rutina donde es "re-elegido"

SEPTIEMBRE 28: Milos Zeman
Presidente de República Checa
desde Marzo 15, 2013
PRIMERAS ELECCIONES DIRECTAS EN REPUBLICA CHECA

Graduado de la Universidad de Economía en Praga,
Checoslovaquia.

Nacido en Kolin, Protectorado de Bohermia y Moravia,
(entidad administrativa de la Alemania nazi)

1945

ENERO 29: Ibrahim Boubakar Keita
Presidente de República de Mali
desde Septiembre 9, 2013

Estudió en las Universidades de Dakar, Senegal y de Paris, Francia;
tiene una maestría en Historia.

Nacido en Koutiala, Sudán Francés (hoy Mali)

FEBRERO 14: Hans Adams II Príncipe de Liechtentein
desde Noviembre 13, 1989 (príncipe regente desde Agosto 26, 1984)

Economista graduado en la Universidad de Saint Gallen, Suiza.

Nacido Johannes Adam Ferdinand Aloys Josef María Marko d'Aviano
en Vaduz, Liechtentein siendo su padre Franz Josep (1906-1989)
el príncipe de quien hereda el trono.

Desde Agosto 2004 el príncipe heredero Alois, nacido en junio 1968, funge como regente.

MARZO 28: Rodrigo Duterte
Presidente de República de Filipinas
desde junio 30, 2016

Abogado graduado del Colegio San Beda en Mendiola,
estudió Ciencias Políticas en en el Liceo de Filipinas, Manila;

Nacido en Maasin, Filipinas al final de la llamada
"Segunda República Filipina" régimen títere del gobierno facista japonés
durante la Segunda Guerra Mundial.

JULIO 15: David A. Granger
Presidente de República de Guyana
desde Mayo 16, 2015

Militar graduado en academias de Nigeria, Brasil e Inglaterra.

Nacido en Georgetown, Guyana Británica.

SEPTIEMBRE 1ro: Abd Rabbuh al Hadi
Presidente de Republica de Yemen
desde Febrero 27, 2012

Militar

Nacido en Thukain, gobernación de Abyan
Protectorado británico de Adén.

Al Hadi renunció a su cargo ante la presión de los rebeldes separatistas houtis
para luego retractarse y relocalizar su gobierno fuera de la capital del país.

OCTUBRE 13: Desiré Bouterse
Presidente de República de Suriname
desde Agosto 10, 2010 re-elegido en 2015
gobernó previamente de 1980 hasta 1991 tras un golpe de estado

Estudió carrera militar en Holanda,
contribuyó a formar el ejército nacional de su país.

Nacido en Domburg, Suriname
siendo el país una región autónoma del Reino de Holanda.

NOVIEMBRE 11: Daniel Ortega
Presidente de República de Nicaragua
desde Enero 10, 2007 re elegido 2011
Gobernó como líder de la Revolución Sandinista de 1979 a 1990

Recibió entrenamiento para la guerra de guerrillas en Cuba.

Nacido en La Libertad, municipio Chontales, Nicaragua durante
el gobierno de Anastasio Somoza García (1896-1956)
padre del dictador Anastasio Somoza Debayle (1925-1980)
este último fue depuesto por los sandinistas en 1979.

FEBRERO 2: Isaias Afewerki
Presidente del Estado de Erítrea
desde Mayo 24,1993

1946

Estudió Ingeniería en la Universidad Haile Selassie
(actual Universidad de Addis Abeba)
Recibió entrenamiento militar en China.

Nacido en Asmara, Eritrea bajo mandato de la ONU
administrada por Reino Unido.

ABRIL 30: Carl XII Gustaf
Rey de Suecia desde Septiembre 15,1973

Educado en academias militares en Suecia, también estudia Sociología,
Historia, Ciencias Políticas y Finanzas en la Universidad de Upsala, Suecia.

Nacido Carl Gustav Folke Hubertus en Estocolmo, Suecia, al final del largo
reinado de su bisabuelo Gustav V (1858-1950)

JULIO 15: Muda Hassanal Bolkiah
Sultán del Estado de Brunei Darussalan desde Octubre 4,1967
(Monarquía absoluta)

Estudió en la Real Academia Militar de Sanhurst, Inglatera (no se graduó)

Nacido en Bandar Seri Bagawan, capital del sultanato
siendo el país protectorado británico.

1946

JULIO 20: Htin Kyaw
Presidente de República de la Unión de Myammar
desde Marzo 30, 2016

Mestría en Estadística de la Universidad de Rangún, Myammar
Estudió computación en Londres y Tokyo.

Nacido en Rangún, Burma, nombre del país bajo los británicos
(la independencia se alcanzaría en Enero 1948)

SEPTIEMBRE 27: Nicos Anastasiades
Presidente de República de Chipre
desde Febrero 28, 2013

Abogado graduado de la Universidad de Atenas, Grecia.

Nacido en Pera Pedi, Chipre siendo el país colonia británica.

1947

OCTUBRE 16: Peter M. Christian
Presidente de los Estados Federados de Micronesia
desde Mayo 11, 2015

Nacido en Pohnpei siendo la actual Micronesia parte
del Territorio en Fidecoimiso de las Islas del Pacífico
administrado por los Estados Unidos.

NOVIEMBRE 17: Ismail Omar Guelleh
Presidente de República de Djibouti
desde Mayo 8, 1999
re-elegido en 2005, 2011 y 2016
sucedió a su tio Hassan Guelleh Aptidon (1916-2006)
quien gobernaba desde la independencia en 1977 y para quien Guelleh
había trabajado en el Servicio Secreto de la Policía

Recibió entrenamiento de los servicios secretos de Somalia y Francia.

DICIEMBRE 28: Mustafa Akinci
Presidente de República Turca de Chipre del Norte
desde Abril 30 2015

Estudia arquitectura en la Universidad Técnica de Medio Oriente, Turquía.

Nacido en distrito Limassol, estando el paí bajo dominio británico;
Chipre obtuvo su independencia en 1960.
Chipre del Norte se estableció en 1983

69

ENERO 25: Khalifa Bin Zayed Al Nahyan
Presidente de los Emiratos Árabes Unidos (E.A.U)
desde Noviembre 3, 2004

Educado en "majis" (congregaciones públicas)
dirigidas por su padre y abuelo.

Nacido en Al Ain, Abu Dhabi.
bajo el reinado de su tio Shakhbut Bin Sultan Al Nahyan (1905-1989)

> La presidencia de EAU tradicionalmente cae en el sultán de Abu Dhabi,
> territorio más extenso de esta federación compuesta por siete emiratos.

AGOSTO 24: Sauli Ninistó
Presidente de República de Finlandia
desde marzo 1ro 2012

Graduado de Derecho en la Universidad de Tuku, Finlandia.

Nacido en Salo, Finlandia durante la presidencia
de Juho Kusti Paaskivi (1879-1956)

NOVIEMBRE 12: Hassan Rouhani
Presidente de la Republica Islámica de Irán
desde Agosto 3, 2013

Estudia leyes en Irán y Escocia.

Nacido en Sorkheh, Provincia Semnan, norte de Irán durante el reinado
de Mohammad Reza Pahlavi, último Sha de Irán.

DICIEMBRE 12: Marcelo Rebelo Da Soussa
Presidente de República de Portugal
desde Marzo 9, 2016

Doctor en Ciencias Jurídicas de la Universidad de Lisboa, Portugal.
Catedrático y analista politico.

Nacido en Lisboa durante la dictadura conocida como Estado Novo.

DICIEMBRE 26: Jioji Konrote

Presidente República de Fiyi
desde Mayo 11, 2015

Militar graduado de academias en Australia y Estados Unidos.

Nacido en Isla Rotuma siendo Fiyi colonia británica.

1949

FEBRERO 12: Ashraf Ghani
Presidente de República Islámica de Afganistán
desde Septiembre 29, 2014

Estudia en la Universidad Americana de Beirut, Libano.
Antropólogo graduado en la Universidad de Columbia, New York.

Nacido en Logar, Afganistán durante el reinado de Mohamed Zahir Sha,
último rey afgano antes de la revolución comunista de 1978

SEPTIEMBRE 16: Brahim Ghali
Presidente de República Arabe Sarahui Democratica
(Territorio ocupado por Marruecos qye reclama su independencia)
desde Julio 9, 2016

Nacido Septiembre 16, 949 en Smara, Sahara Occidental.

Cercano a Mohammed Abdelaziz (1947-2016), su antecesor fallecido
en funciones, lider de la causa del pueblo sarahui quien gobernara
por veinticuatro años.
Ghali unje como embajador en Argelia y España y Ministro de Defensa

1950

ENERO 28: Hamad Ibn Isa Al Khalifa
Emir de Baréin desde Marzo 6, 1999,
autoproclamado Sultán en Febrero 14, 2002

Militar graduado de la Escuela de Cadetes Mons Officer,
Hampshire, Inglaterra.

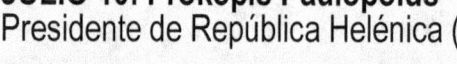

JULIO 10: Prokopis Paulopolus
Presidente de República Helénica (Grecia) desde Marzo 13, 2015

Graduado de Leyes de la Universidad de Atenas, Grecia
con maestría en la Universidad Pantheon-Assas, París, Francia.

Nacido en Kalamata (sur del país) durante segundo reinado de Paul
(1901-1964), penúltimo rey de Grecia; la monarquía fue abolida en 1973.

OCTUBRE 29: Jorge Carlos Fonseca
Presidente de República de Cabo Verde
desde Septiembre 9, 2011, re-electo 2016

Graduado de Leyes de la Universidad de Lisboa, Portugal

Nacido en Mundelo, siendo Cabo Verde colonia portuguesa.

ABRIL 6: Hilda Heine,
Presidenta de Ila República de Islas Marshall
desde Enero 28, 2016, primera mujer en ocupar tal puesto en Oceanía.

Primera persona de Oceanía en obtener un doctorado.

Nacida en el atoll Juluit siendo Islas Marshall parte del Territorio
de Fideicomiso de las Islas del Pacífico bajo administración estadounidense.

AGOSTO 10: Juan Manuel Santos
Presidente de República de Colombia
desde Agosto 7, 2010, re-elegido en 2014

PREMIO NOBEL DE LA PAZ 2016

Economista de la Universidad de Kansas, con maestría en la Escuela
de Economía y Ciencias Políticas de Londres y Universidad de Harvard.

Nacido en Bogotá bajo la corta presidencia de Lureano Gomez (1889-1965)
quien fue depuesto por Rojas Pinilla (1900-1975)

OCTUBRE 7: Maithripala Sirisena
Presidente de República Democrática Socialista de Sri lanka
desde Enero 9, 2015

Educado en Colegio Real Central de Polonnaruwa, Sri Lanka.

Nacido en Yagoda, siendo Sri Lanka colonia británica como "Dominio de Ceilán"

SEPTIEMBRE 29: Michelle Bachelet
Presidenta de República de Chile
desde Marzo 11, 2014 (también de 2006 a 2010)
estuvo al frente de ONU mujeres 2010-2013

Estudió Medicina en La Universidad de Chile.

Nacida en Santiago de Chile siendo presidente Gabriel González Videla
(1898-1980)

NOVIEMBRE 10: Danilo Medina
Presidente de República Dominicana
desde Agosto 16, 2012. Re-elegido 2016

Estudió Economía en el Instituto Tecnológico Santo Domingo.

Nacido en Bohecío, provincia de San Juan al final de la dictadura
de Rafaél Trujillo (1891-1961)

FECHA EXACTA DE NACIMIENTO DESCONOCIDA: Salva Kiir Mayardit
Presidente de República de Sudán del Sur
desde Julio 9, 2011

Líder guerrillero durante el conflicto de Sudán entre norte y sur.

Nacido en Bahr el Ghazal siendo Sudán colonia británica.

Sudán se escindió en dos paises en Julio 2011,
Sudán del sur es el país más recientemente instituido.

1952

FEBRERO 15: Tomislav Nicolic
Presidente de República de Serbia
desde Mayo 31, 2012

Ejerció como maestro de obras y ocupó cargos administrativos.

Nacido en Kragujevac, República Popular de Serbia
parte de la República Socialista Federativa de Yugoslavia.

MARZO 18: Leoniv Tibilov
Presidente de República de Osetia del Sur
(Región autónoma de Georgia de mayoría étnica rusa,
autodeclarada independiente en 1990. Es protegida por Rusia)
desde Abril 19, 2012

Dirigió la Policia Secreta Sovietica (KGB) en Georgia entre 1992 y1998

Nacido en Verkhny, Republica Socialista Soviética de Georgia.

JUNIO 18: Idriss Déby
Presidente de República de Chad
desde Diciembre 2, 1990
está en su quinto término presidencial (Chad no tiene límite para esto)

Militar entrenado como piloto en Francia.

Nacido en Fada, Africa Ecuatorial Francesa.

JULIO 28: Maha Vajiralongkorn
Rey the Thailandia como Rama X
desde Diciembre 1ro, 2016

Recibió educación militar en Australia y estudió Leyes
en la Universidad Sukhotai Thammathirat, Nonthabuti, Tailandia

Nacido Somdet Phra Borommaorasathirat Chao Fa Maha Vajiralonkorn
Sayammakutratchakuman en Bangkok,Tailandia.

OCTUBRE 5: Emomalii Rahmon
Presidente de República de Tajikistán
desde Noviembre 19,1992 (único presidente de Tajikistán
desde la separación del país de la Unión Soviética)

Graduado de Economía de la Universidad Nacional Tajik, Dushanbe,
Tajikistán.

Nacido en Kulob, República Socialista Soviética de Tajikistán.

OCTUBRE 7: Vladimir Putin
Lider de la Federacion Rusa
desde Diciembre 31, 1999
alternando el cargo de Presidente y Primer Ministro

Estudió Leyes en la Universidad Estatal de Leningrado.
Alcanzó el grado de Teniente Coronel de la KGB (Policía Secreta Soviética)
Alcanzó un alto rango en Judo.

Nacido en Leningrado (hoy San Petersburgo)
República Socialista Federativa Soviética de Rusia.

FECHA EXACTA DE NACIMIENTO DESCONOCIDA
Mahamadou Issofou

Presidente de República de Niger
desde Abril 7, 2012 re-electo 2016

Ingeniero en minas.

Nacido en Dandaji, Africa Occidental Francesa.

1952

1953

FEBRERO 1ro: Jocelerme Privert
Presidente Interino de Haiti
desde Febrero 14, 2016

Contador; Director General de Impuestos de Haiti entre 1975 y 1979

Nacido en Petit Trou-Niper, Haiti durante el gobierno no constitucional
de Paul Eugene Magloire (1907-2001)

FEBRERO 27: Ian Khama
Presidente de República de Botswana
desde Abril 1ro 2008 re-elegido en 2014

Militar graduado de la Real Academia de Sandurst, Inglaterra.

Nacido en Chertsey, Inglaterra a poco más de un año de comenzar
el reinado de Elizabeth II.

MARZO 7: Anthony Carmona
Presidente de República de Trinidad y Tobago
desde Marzo 18, 2013

Jurista graduado de la Universidad de Indias Occidentales
y la Esciuela de Leyes Hugh Wooding,Trinidad Tobago.

Nacido en Palo Seco, Trinidad Tobago bajo dominio británico.

MAYO 14: Nododom Shimamoni
Rey de Cambodia desde Octubre 14, 2004

Estudia en la Academia de Música y Artes de Checoslovaquia
y cine en Corea el Sur. Enseñó ballet en París y fue embajador cultural.

Nacido en Phom Penh, bajo el reinado de su padre Norodom Sinahouk
(1922-2012) siendo el país parte de la Indochina Francesa.
Bajo Sinahouk se obtiene la independencia y se implementa
la Monarquía Constitucional en 1954.

1953

JUNIO 15:Ji Xinping
Presidente de República Popular China
desde Marzo 15, 2013

Nacido en Pekín en los primeros años de la creación
de la República Popular China
bajo el liderazgo de Mao Tse Tung (1893-1976).

OCTUBRE 2: Ernest Bai Coroma
Presidente de Sierra Leona
desde Septiembre 17, 2007; re-elegido en 2012

Graduado de Administración de Empresas del Colegio Fourah Bay,
Freetown, Sierra Leona.

Nacido en Makeni, Sierra Leona siendo el país colonia británica.

1954

FEBRERO 26: Recep Tayyip Erdogan
Presidente de República deTurquía
desde Agosto 28, 2014
PRIMERAS ELECCIONES DIRECTAS EN TURQUIA
fungió como Primer Ministro 2004-2014

Estudió Administración de Empresas en la Universidad Mármara, Turquía.
Nacido en Estanbul durante la presidencia de Celal Bayar (1883-1886)

JUNIO 30: Serzh Sargysian
Presidente de República de Armenia
desde Marzo 26 2007 re elegido en 2013

Filólogo de la Universidad de Yerevan, Armenia.

Nacido en Stepanakert, Oblast autónomo de Nagorno Karabakh
República Socialista Soviética de Azerbaiyán.

AGOSTO 12: Francois Hollande
Presidente de La República Francesa y Co-Príncipe de Andorra **(*)**
desde Mayo 15, 2012

Estudios en la Escuela Superior de Comercio
y el Instituto de Estudios Políticos de París.

Nacido en Rouen, Francia durante la llamada "Cuarta República Francesa"
siendo presidente René Coty (1882-1962)

(*)El presidente francés comparte el cargo ceremonial de Principe de Andorra
con el Obispo de Urgell, Barcelona
actualmente Joan Enric Vives nacido en 1949.

AGOSTO 30: Aleksandr Lukashenko
Presidente de República de Bielorusia
desde Julio 20, 1994
(apodado "el útimo dictador de Europa")

Graduado de Historia del Instituto Pedagógico Mogliev, Bielorusia
(actual Universidad estatal A. Kuleshov)

Nacido en Kopys, República Socialista Soviética de Bielorusia.

1954

SEPTIEMBRE 1ro: Filip Vuljanovic
Presidente de Montenegro
desde Mayo 22, 2003; re-elegido 2008 y 2013

Graduado de Leyes de la Universidad de Belgrado, Yugoslavia.

Nacido en Belgrado entonces capital de la República Federativa
Socialista de Yugoslavia. Belgrado es hoy día la capital de Serbia.

NOVIEMBRE19: Abdel Fatta el-Sisi
Presidente República Arabe de Egipto
desde Junio 8. 2014

Militar graduado de la Academia Militar Egipcia.

Nacido en Cairo, Egipto durante los primeros años de la Revolución
que abolió la monarquía y condujo al peculiar gobierno
de Gamal Abdel Nasser (1918-1970).

62

ABRIL16: Henri Gran Duque de Luxemburgo
desde Octubre 7, 2000

Politólogo graduado de la Universidad de Ginebra, Suiza

Nacido Henri Albert Gabriel Felix María Guillaume
de Nassau durante el reinado de su abuela Charlotte (1896-1985)

1955

La Gran Duquesa de Luxemburgo Maria Mestre y Batista, es nacida en Cuba.

NOVIEMBRE 29: Hassan Sheik Mohamud
Presidente de República Federal de Somalia
desde Septiembre 16, 2012

Maestría Técnica en la Universidad Bhopal, India.

Nacido en Noviembre 29 en Jalalaqsi, provincia de Hiran, siendo esta
parte de la Administración Fiducidiaria Italiana de la Somalia.

FECHA EXACTA DE NACIMIENTO DESCONOCIDA
Mulatu Teshome
Presidente de República Federal Democrática de Etiopía
desde Octubre 7, 2013

Licenciatura en Filosofía de la Economía Política
y doctorado en Derecho Internacional obtenidos en China.

Nacido en Arjo, Etiopía
durante el reinado del Emperador Haile Selassie (1892-1975)

61

FEBRERO 29: Tommy Remengesau
Presidente de República de Palau
desde Enero 17, 2013, re-elegido 2016

Estudios en Universidad Estatal de Grand Valley, Michigan, Estados Unidos.

Nacido en Koror, Palau
estando el país bajo administración norteamericana.

MARZO 1ro: Dalia Grybauskaite
Presidenta de República de Lituania
desde Julio 12, 2009, re-elegida en 2014

Graduada de Economía Política de la Universidad Zhidanov, Leningrado,
(hoy Universidad Estatal de San Petersburgo)

Nacida Birzai, República Socialista Soviética de Lituania.

JUNIO 28: Bakir Izetbegovic Miembro Bosnio
de la Presidencia de Bosnia-Hezergovina
desde Noviembre 11, 2010, re-elegido en 2014

Arquitecto de la Universidad de Sarajevo, Yugoslavia.

Nacido en Sarajevo siendo Bosnia Hezergovina parte
de República Federativa Socialista de Yugoslavia.

La presidencia de Bosnia Hezergovina esta compuesta por tres miembros elegidos por voto popular para servir cuatro años (pueden ser re-elegidos) quienes representan los grupos étnicos predominantes en el país. Los tres miembros se rotan cada ocho meses para encabezar dicha presidencia.

JULIO 5: Horacio Cartes
Presidente de República del Paraguay
desde Agosto 15, 2013

Mecánico de aviación del Colegio de Aviación y Tecnología,
Tulsa, Oklahoma, Estados Unidos.

Nacido en Asunción, durante los primeros años de la dictadura
de Alfredo Stroessner (1912-2006)

AGOSTO 20: Dragan Covic, Miembro Croata
de la Presidencia de Bosnia-Hezergovina
desde Noviembre 10, 2014

Ingeniero mecánico de la Universidad Dzemal Bijedic, Bosnia-Hezergovina.

Nacido en Mostar, siendo Bosnia Hezergovina
parte de República Federativa Socialista de Yugoslavia.

AGOSTO 31: Tsal Ing-Wen
Presidenta de República de China (Taiwan)
desde Mayo 20, 2016

Graduada de Leyes de la Universidad nacional de Taiwan
Maestría en la Escuela de Keyes de Cornell, Ithaca, New York.

Nacida en Taipei, Taiwan.

SEPTIEMBRE 17: Almazbek Atambayek
Presidente de República de Kirguistán
desde Noviembre 11, 2014

Graduado de Economía del Instituto Mocovita de Administración.

Nacido en Arashan, República Socialista Soviética de Kirguistán.

OCTUBRE 10: José María Vasconcelos
conocido por su nombre de guerra **Taur Matan Ruak**
Presidente de Timor Oriental
desde Mayo 20, 2012

Luchó por la independencia de Timor de Indonesia.

Nacido en Baguía, siendo Timor colonia portuguesa.

OCTUBRE 12: Tran Dai Quang
Presidente de República Socialista de Viet Nam
desde Abril 2, 2016

Policía

Nacido en la Provincia Ninh Binh, durante la existencia
de la República Democrática de Viet Nam (Viet Nam del Norte)
bajo la presidencia de Ho Chi Minh (1890-1969)

NOVIEMBRE 11: Edgar Chagwa Lungu
Presidente de República de Zambia
desde Enero 25, 2015

Graduado de Leyes de la Universidad de Zambia.

Nacido en Ndola, Rodesia del Norte (protectorado británico) hoy Zambia.

DICIEMBRE 20: Mohamed Ould Abdel Aziz
Presidente de República Islámica de Mauritania
desde Agosto 5, 2009
Llega al poder por un golpe de estado en 2008,
al año se legitimiza como presidente.

Militar de la Academia Militar Meknes, Marruecos.

Nacido en Akjoujt siendo Mauritania colonia francesa
(obtuvo la independencia en 1960)

1957

ABRIL 21: Faustin-Archange Touadera
Presidente de República Centroafricana
desde Marzo 30, 2016

Doctor en Matemáticas de la Univerisdad de Abdijan, Costa de Marfil.

Nacido en Bangui siendo el país colonia francesa.

ABRIL 15: Hown Kyo-Ahn
Presidente interino de República de Corea (Corea del Sur)
desde Diciembre 9, 2016

Graduado de la Universidad Sungkyunkwan, Seul, Corea del Sur.

Nacido en Seul durante la presidencia de Syngman Rhee (1875-1965), primer presidente de Corea del Sur conocido por su mano dura y bajo cuyo gobierno sucediera la Guerra de Corea (1950-1953)

ABRIL 25: Roch Marc Christian Kaboré
Presidente de Burkina Faso
desde Diciembre 2015

Economista de la Universidad de Dijón, Francia.

Nacido en Ougadougou, Alto Volta, nombre de Burkina Faso bajo coloniaje francés.

JUNIO 29: Gurbanguly Berdimukhamedov
Presidente de Turkmenistán
desde Diciembre 21, 2006

Graduado del Instituto Estatal de Medicina Turkmeno; se especializa en odontología.

Nacido en Barabad, República Socialista Soviética de Turkmenistán.

OCTUBRE 23: Paul Kagame
Presidente de República de Ruanda
desde Marzo 24, 2000 (Lider "de facto" del país desde Julio 4,1994)

Militar

Nacido en el suroeste del pais reinando Mutara III (1912-1959) bajo control de los belgas (la monarquía se abolió en 1961)

DICIEMBRE 10: José Mario Vaz
Presidente de República de Guinea Bissau
desde Junio 23, 2014

Graduado de Economía en Lisboa, Portugal.

Nacido en Calequisse, Guinea portuguesa.

MARZO 14: Alberto II
Príncipe soberano de Mónaco
desde Marzo 31, 2005

Estudia Ciencias Políticas, Música y Literatura británica
en Amherst College, Massachussetts, Estados Unidos.

Nacido Albert Alezandre Louis Pierre en Mónaco durante el principado
de su padre Raniero III (1923-2005); su madre y princesa de Mónaco
fue la actriz norteamericana Grace Kelly (1929-1982)

MARZO 21: Raul Khajimba
Presidente de República de Abkhasia

(region autónoma de Georgia autodecalada nación independiente en 1992
sólo reconocida como tal por cinco paises)

desde Marzo 31, 2015

Graduado de Leyes de la Universidad Estatal de Abkhasia.

Nacido en Tkvarcheli, República Socialista Soviética de Georgia.

ABRIL 25: Luis Guillermo Solís
Presidente de República de Costa Rica
desde Mayo 8, 2014

Graduado de Historia de la Universidad de Costa Rica
con maestría en la Universidad Tulane, New Orleans, Estados Unidos.

Nacido en San José de Costa Rica durante la segunda presidencia
de José Figueres (1906-1990) importante figura política del país.

MAYO 1ro: Patrice Talon
Presidente de República de Benin
desde Abril 6, 2016

Empresario (apodado "el Rey del algodón")
Estudió en la Universidad de Dakkar, Senegal
(hoy Universidad Cheik Anta Diop)

Nacido en Dahomey (hoy Benin) bajo control francés meses antes
de instituirse como región autónoma como la República de Dahomey;
la independencia completa fue otorgada en 1960

SEPTIEMBRE 16: Mladen Ivanic
Miembro Serbio de la Presidencia de Bosnia-Hesergovina
desde Noviembre 17, 2014. esde Noviembre 17, 2016 encabeza
la presidencia la cual se rota entre sus tres miembros cada ocho meses.

Economista de la Universidad de Banja Luka, Bosnia Hezergovina
Doctorado en Belgrado, Serbia.

Nacido en Sanski Most, Bosnia Hezergovina,
República Federativa Socialista de Yugoslavia.

1958

NOVIEMBRE 6: Heri Rajaonarimanpianina
Presidente de República de Madagascar
desde Enero 25, 2014

Estudió en las Universidades de Antanarivo, Madagascar
y de Quebec, Canadá.

Nacido en Antanarivo, Madagascar, poco más de un mes
del referendum para la independencia del país de Francia.

JEFE DE ESTADO DE APELLIDO MAS LARGO

NOVIEMBRE 29: John Dramani Mahama
Presidente de República de Ghana
desde Julio 24, 2012

Graduado de Historia de la Universidad de Ghana
y Ciencias Políticas en la Universidad de Moscú.

Nacido en Damongo, Ghana bajo el gobierno de Kwame Nkruma
{1909-1972} quien como primer ministro declarara la independencia.

DICIEMBRE 7: Marie Louise Coleiro Preca
Presidenta de República de Malta
desde Abril 4, 2014

Graduada de Ciencia del Derecho y Ciencias Humanas
de la Universidad de Malta.

Nacida en Quormi, Malta estando el país bajo dominio británico.

1959

ENERO 1ro: Azali Assoumani
Presidente de la Unión de Comoros
desde Mayo 26, 2016

Militar (paracaidista) con entrenamiento en la Academia Real de Marruecos
También recibió entrenamiento en Francia.

Nacido en Mitsouje, comoros siendo el país provinvia de Marruecos
bajo coloniaje francés

FEBRERO 8: Mauricio Macri
Presidente de República Argentina
desde Diciembre 10, 2015

Ingeniero Civil graduado en la Pontificia Universidad Católica Argentina

Nacido en Tandil, Agentina durante el gobierno de Arturo Frondizi.
(1908-1995)

FEBRERO 9: Alí Bongo Ondimba
Presidente de República Gabonesa
desde Octubre 16, 2009

Estudió Derecho en la Sorbona de Paris.

Nacido en Brazaville, Actual capital del República del Congo durante la breve existencia de la Unión de Repúblicas Centroafricanas.

FEBRERO 9: Filipe Nyusi
Presidente de República de Mozambique
desde Enero 15, 2015

Militar con entrenamiento en Tanzanía, fue niño soldado; Ingeniero Mecánico graduado en la Universidad de Brno, Checoslovaquia con post graduado en la Universidad Victoria, Manchester, Inglaterra.

Nacido en Namau, distrito Mueda siendo el país colonia portuguesa.

MAYO 9: Janos Ader
Presidente de República de Hungría
desde Mayo 10, 2012

Estudia Leyes en la Universidad Eotvos Lorand, Budapest, Hungría.

Nacido en Csoma, República Popular de Hungría.
nombre del país durante la etapa comunista (1949-1989)

MAYO 21: Abdulla Yameen Abdul Gayoom
Presidente de República de Maldives
desde Enero 17, 2013

Administración de Empresas en la Universidad Americana de Beirut, Líbano
Maestría en Políticas Públicas en la Universidad Claraemont, Los Angeles, California, Estados Unidos.

Nacido en Malé, Maldives, siendo el pais colonia británica.

JUNIO 13: Klaus Iohannis
Presidente de Rumania
desde Diciembre 21, 2014

Graduado de Física de la Universidad Babes-Bolyai, Cluj-Napoca, Rumania.

Nacido en Sibiu, República Socialista de Rumania.
nombre del país durante la etapa comunista (1947-1989)

JULIO 12: Tupov VI Rey de Tonga desde Marzo 18, 2012

Militar graduado de la Escuela de Guerra Naval, Newport, Rhode Island, Estados Unidos.

Nacido Aho'eito Unuali'otonga Tuku'aho Tupou en Tonga durante el reinado de su abuela Sálote Tupou III (1900-1965) estando el país bajo protectorado británico

1959

OCTUBRE 9: John Magufuli
Presidente de República Unida deTanzania
desde Noviembre 5, 2015

Físico matemático.
Maestría en Magisterio de la Universidad de Dar es-Salam, Tanzanía.

OCTUBRE 17: Ameenah Gurib
Presidenta de República de Mauritus
desde Junio 5, 2015

Licenciada en Química de la Universidad de Surrey, con especialización
en Química Orgánica en la Universidad Exeter, ambas en Inglaterra.

Nacida en Surinam, pequeña ciudad al sur de Mauritus
siendo el país colonia británica.

OCTUBRE 26: Evo Morales
Presidente del Estado Plurinacional de Bolivia
desde Enero 22, 2006 re-elegido en 2009 y 2014

Sindicalista

Nacido en Orinoca, Bolivia durante la primera presidencia
de Hernán Siles Suazo (1914-1996)

DICIEMBRE 31: Baron Waqa
Presidente de República de Nauru
desde Junio 11, 2013

Nacido en el distrito Boe, Nauru
bajo administración Australiana.

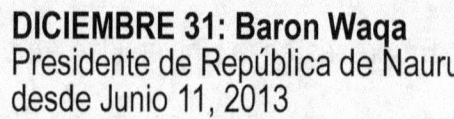
PRESIDENTE MAS JOVEN EN ASIA INSULAR Y OCEANIA

1960

FEBRERO 15: Philippe
Rey de los Belgas desde Julio 21, 2013
a la abdicación de su padre Albert II.

Educado en la Academia Militar Real de Bélgica
Graduado de Ciencias Políticas de la Universidad Stanford, California,
Estados Unidos.

Nacido Philippe Léopold Louse Marie en Bruselas,
bajo el reinado de su tío Baldouin (1939-1993)

MAYO 2: Gjorge Ivanov
Presidente de República de Macedonia
desde Mayo 12, 2009, re-elecgido en 2014

Graduado de la Universidad de Skopje, Macedonia.

Nacido en Valandovo, República Federal de Yugoslavia.

> Macedonia no está ubicada en antigua region griega del mismo nombre
> y mantiene una disputa legal con Gracia acerca de esto.

AGOSTO 30: Bako Sahakyan
Presidente de República Nagorno Karabakh
(Territorio de mayoría étnica Armenia en Azerbaiyán; autodeclarado
independiente en 1991 cuando se trató de abolir su status de región
autónoma)
desde Noviembre 7, 2007, re-elegido en 2012

Militar

SEPTIEMBRE 16: Taneti Mammau
Presidente de República de Kiribati
desde Marzo 11, 2016

Nacido Onotoa, Islas Gilbert y Elice, nombre de Kiribati
bajo coloniaje británico

56

JUNIO 19 : Bidhya Devi Bhandari
Presidenta de la República Democrática Federal de Nepal
desde Octubre 29, 2015; primera mujer con este puesto en el país.

Nacida en Mane Bhanjyang, Nepal bajo el reinado de Mahendra
(1920-1972)

JUNIO 21: Joko Widodo
Presidente de República de Indonesia
desde Octubre 10, 2014

Nacido en Surakarta, Indonesia, durante la presidencia
de Sukarno (1901-1970) primer presidente de Indonesia
tras la Independencia de Holanda.

55

1961

AGOSTO 4: Barack Obama
Presidente de Estados Unidos de Norteamérica
desde Enero 20, 2009 re-elegido en 2013

Graduado de Ciencias Políticas
(especialización en Relaciones Internacionales)
en la Universidad de Columbia, New York, Estados Unidos.
Doctorado en Jurisprudencia en la Escuela de Leyes de Harvard,
Massachussetts, Estados Unidos.

Nacido en Honolulu, Hawai durante la presidencia de John F. Kennedy.

PREMIO NOBEL
DE LA PAZ 2008

OCTUBRE 26: Uhuru Kenyatta
Presidente de República de Kenya
desde Abril 9, 2013

Estudió Economía y Ciencias Políticas
en el colegio Amherts, Massachussetts, Estados Unidos

Nacido en Nairobi, Kenya, dos años antes de el país independendizarse
de los británicos. Hijo de Mzee Jomo Kenyatta (1891-1978)
primer presidente de República de Kenya.

DICIEMBRE 11: Macky Sall
Presidente de República de Senegal
desde Abril 4, 2014

Ingeniero Geológico de la Universidad Cheik Anta Diop, Dakar, Senegal.

Nacido en Fatick, Senegal al año de la separación del país de Mali,
ambos habían obtenido la independencia de Francia
como Federación de Mali en 1959.

DICIEMBRE 24: Ilham Aliyev
Presidente de República de Azerbaiyán
desde Agosto 4, 2003 re-elegido en 2008

Graduado de Historia del Instituto Estatal de Relaciones Internacionales
de Moscú, República Socialista Federativa Soviética de Rusia.

Nacido en Bakú, República Socialista Soviética de Azerbaiyán.

54

Aliyev Sucede a su padre Heydar Aliyev (1923-2003) quien murió tras diez años de gobierno.

1962

ENERO 30: Abdullah II
Rey del Reino Hachemita de Jordán
desde Febrero 7, 1999

Militar graduado de la Real Academia de Sandhurts,
y la Universidad de Oxford (ambos en Inglaterra)
y en la Escuela de Servicios Exteriores Edmund A.Wash, Georgetown,
Washington DC Estados Unidos.

Nacido en Amman, Jordán durante el reinado de su padre Hussein.

54

Princesa Muna, madre de Abdulla es Inglesa, su nombre al nacer fue Antoinette Avril Gardiner.

NOVIEMBRE 23: Nicolás Maduro
Presidente de República de Venezuela
desde Marzo 5, 2013

Sindicalista

Nacido en Caracas, Venezuela durante la presidencia
de Rómulo Betancourt (1908-1981)

Sucede Hugo Chávez (1954-2013) quien poco antes de morir en funciones lo apunta
para el cargo; esto se ha denunciado como inscontirucional por la oposición.

FEBRERO 2: Andrej Kiska
Presidente de República de Eslovaquia
desde Junio 15, 2014

Atendió la Universidad Tecnológica Eslovaca, Eslovaquia.

Nacido en Poprad, República Socialista de Checoslovaquia,
estado federado de sistema comunista, el cual adquirió el nombre
de República Federal Checa entre 1990 y 1992 y luego se escindió
en República Checa y Eslovaquia.

MARZO 30: Tsakhiagiin Elbegdorj
Presidente de Mongolia
desde Junio 18, 2009 re-elegido en 2013

PRESIDENTE MAS JOVEN
EN ASIA CONTINENTAL

Periodista graduado del Instituto Político Militar de Lemberg,
República Socialista Soviética de Ucrania.
Maestría de Administración de Empresas, Universidad de Harvard,
Massachussetts, Estados Unidos

Nacido en Zegreg, República Popular de Mongolia
(nombre del país en la era comunista)

ABRIL 6: Rafael Correa
Presidente de República de Ecuador
desde Enero 15, 2007 re-elegido 2009 y 2013

Economista de la Universidad Católica de Santiago de Guayaquil
con maestría en la Universidad Católica de Lovaina, Bélgica.

Nacido en Guayaquil, Ecuador al final de presidencia
de Carlos Julio Arosarena (1919-2004) procedente de Guayaquil
y de ideas de izquierda como el propio Correa.

JULIO 17: Letsie III
Rey de Lesotho desde Febrero 7, 1996

Graduado de leyes en la Universidad Nacional de Lesotho.
Estudió en las Universidades de Bristol, Cambridge y Londres, Inglaterra.

Nacido en Morija, Basutoland,
nombre del país bajo protectorado británico.

1963

AGOSTO 21: Mohammed VI
Rey de Marruecos desde Julio 23, 1999

Estudió Leyes en la Universidad Mohamed V, Rabat, Marruecos
y en la Universidad Sofía Antípolis, Niza, Francia

Nacido Sidi Mohammed bin Hassan bin Mohammed bin Youssef Al Alaoui
en Rabat, Marruecos durante el reinado de su padre Hasan II (1929-1999)
de quien hereda el trono.

NOVIEMBRE 2: Borut Pahor
Presidente de República de Eslovenia
desde Diciembre 22, 2012

Graduado de Ciencias Políticas de la Universidad de Liubliana,
Yugoslavia.

Nacido en Postojna, Eslovenia
siendo esta parte de la República Federativa Socialista de Yugoslavia.

DICIEMBRE 8: Pierre Nkurunziza
Presidente de República de Burundi
desde Agosto 26, 2005 re-elegido 2010 y 2015
(Como otros presidentes africanos Nkurunziza se las arregla para reformar
la constitución y ser re-elegido por segunda vez)

Estudió en la Universidad de Burundi.

Nacido en Bujumbura, Burundi durante el reinado de Mwambusa IV
(1912-1977), penúltimo rey del país quien fuera depuesto por su hijo;
este a su vez fue derrocado por los militares.

DICIEMBRE 12: Juan Carlos Varela
Presidente de República de Panamá
desde Julio 1ro, 2014

Ingeniero Industrial graduado de Instituto Tecnológico de Georgia,
Estados Unidos

Nacido en Ciudad de Panamá
siendo presidente Roberto Francisco Ciari (1905-1981)

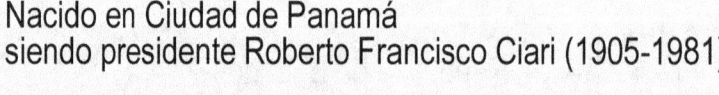

53

1964

MAYO 14: Rosen Pleneiev
Presidente de República de Bulgaria
desde Enero 22, 2012

Ingeniero graduado de la Universidad Técnica de Sofía, Bulgaria.

Nacido en Gotse Delchev, República Popular de Bulgaria,
nombre del país en la etapa comunista (1948-1990)

52

MAYO 25: Yayah Jammed
Presidente de República Islámica de Gambia (La Gambia)
desde Septiembre 1996, habiendo liderado un golpe de estado en Julio 22, 1994; ha sido re-elegido tres veces consecutivas desde entonces.

Militar con entrenamiento en Uganda y Estados Unidos.

Nacido en Kanilai, Gambia, tres meses después de declarada Gambia su independencia de Gran Bretaña bajo el status de protectorado.

En Diciembre 1ro, 2016 se desarrollaron las cuartas elecciones presidenciales en Gambia desde el golpe de estado de Jammed (1994), esta vez, inesperadamente se anunció como ganador al candidato de oposición Adama Barrow; inicialmente Jammed aceptó este resuldado para retractarse en pocos dias y se niega a dejar su puesto.

JULIO 2: Abdiweli Mohamed Ali
Presidente de Estado de Putlandia de Somalia
(región autónoma de Somaliaauto declarada independiente en 1998)
desde Enero 8, 2014

Economista de la Universidad Nacional Somali.
Estudia en varias Universidades de Estados Unidos.

Nacido en Dhusamareb, Somalia durante la presidencia
de Aden Abdullah Osman Daar (1908-2007)

SEPTIEMBRE 11: Bashar Al Assad
Presidente de República Arabe Siria
desde Julio 17, 2000, re-elegido 2007 y 2014
Instalado la presidencia a la muerte de su padre Hafez Al Asad (1930-2000)
quien habia gobernado desde 1971.

Graduado de medicina en la Universidad de Damasco, Siria
con postgrado en oftalmología en Londres, Inglaterra.
recibió entrenamiento militar en Estados Unidos, Bélgica y Alemania

Nacido en Damasco, Siria, durante la presidencia de orientación
de izquierda de Amin Al-Hafiz (1918-2009)

PRESIDENTE
MAS JOVEN
EN MEDIO ORIENTE

Para Diciembre 2016 el gobierno Sirio controla sólo parte del territorio nacional estancado en una guerra civil nacida en el contexto de la Primavera Arabe (2011); los rebeldes son apoyados y reconocidos por algunos paises mientras el ISIL opera en le país considerándolo parte de su autodeclarado "Califato" o Estado Islámico. El gobierno Sirio es apoyado incondicionalmente por Rusia

SEPTIEMBRE 26: Petro Poroshenko
Presidente de Ucrania
desde Junio 7, 2014. Asumió la presidencia
durante el conflicto de la anexión de Crimea (territorio ucraniano) a Rusia.

Economista graduado de la Universidad Estatal de Kiev, Ucrania.
Durante su juventud alcanzó un alto rango competitivo en judo.

Nacido en Bolhrad, República Socialista Soviética de Ucrania.

1966

JUNIO 6: Faure Gnassingbé
Presidente de República Togolesa
desde Mayo 4, 2005 re-elegido en 2010 y 2015

Graduado de Finanzas del a Sorbona de París.
Maestría en Administración de Empresas en la Universidad
George Washington, Washington DC. Estados Unidos.

Nacido en Afagnan,Togo,
durante la presidencia de Nicolas Grunitzky (1913-1969)

JUNIO 15: Raimonds Vejonis
Presidente de República de Letonia
desde Julio 8, 2015

Biólogo de la Universidad de Riga, Letonia.

Nacido en Pskov, República Socialista Soviética de Letonia.

JUNIO 20: Enrique Peña Nieto
Presidente de Estados Unidos Mexicanos
desde Diciembre 1ro, 2012

Graduado de Leyes de la Universidad Panamericana, Mexico DF
Maestría de Administración de Empresas
en el Instituto Tecnológico Autónomo de México.

Nacido en Altacomulco, México
durante la presidencia de Gustavo Diaz Ordaz (1911-1979)

SEPTIEMBRE 29: Bujar Nishani
Presidente de República de Albania
desde Julio 24, 2012

Graduado de la Academia Militar Scanderberj, Tirana, Albania.
Estudia leyes en la Universidad de Tirana.

Nacido en Bures República Socialista Popular de Albania.

1967

ABRIL 27: Willem –Alexander

Rey de los Holandeses desde Abril 30, 2013 al abdicar su madre Beatrix

Graduado de Historia de la Universidad de Leiden, Holanda.
Recibe entrenamiento militar en academias holandesas.

Nacido Willem–Alexander Claus George Ferdinand en Utrecht,
Holanda durante el reinado de su abuela Juliana (1909-2004)

La Reina de los holandeses, Máxima Zorreguieta es nacida en Argentina.

ENERO 30: Felipe VI
Rey de España desde Junio 19, 2014 al abdicar su padre Juan Carlos I.

Educado en varias academias militares españolas.
graduado de derecho de la Universidad Autónoma de Madrid, España.
Maestría en relaciones internacionales en la Escuela Edmund Walsh,
Universidad de Georgetown, Washington DC

Nacido Felipe Juan Pablo Alfonso de todos los Santos de Borbón y Sicilia
en Madrid bajo el gobierno del dictador Francisco Franco (1892-1975)

ABRIL 19: Mswati III
Rey de Swaziland desde Abril 25, 1986
(Monarquía Absoluta)

Nacido en Swaziland

> Swatti III tiene
> catorce esposas,
> las escoge
> en una ceremonia anual

ABRIL 24: Hashim Thaci
Presidente de República de Kosovo (Región autónoma Serbia
de mayoría étnica albanesa autodeclarada independendiente en 2008)
desde Abril 7, 2016

Graduado de Filosofía e Historia
de la Universidad de Pristina, Kosovo.

Nacido en Brocna, República Federativa Socialista de Yugoslavia.

ABRIL 29: Kolinda Grabar-Kitarovic
Presidenta de República de Croacia
desde Febrero 18, 2015

Graduada de Idiomas Inglés y Español de la Universidad de Zagreb,
Croacia. Atendió cursos de diplomacia en la Universidaded de Austria
y Estados Unidos.

Nacida en Rijeta, Croacia, República Socialista Federativa de Yugoslavia.

JUNIO 19: Yevgeny Shevchuk
Presidente de la República Popular Moldava Pridnestroviana (Trasnistrian)
desde Diciembre 30, 2011

Abogado.

Nacido en Rybnisa, República Socialista de Moldavia.

1968

JUNIO 26: Gudni Johannesson
Presidente de República de Islandia
desde Agosto 1ro, 2016

Historiador graduado del Colegio San Antonio de la Universidad Oxford.

Nacido Junio 26, 1968, en Reykjavik al final de la presidencia de 16 años de Asgeir Asgeirsson (1894-1972) . El antecesor de Johannesson, Olafur Griemsson, también gobernó 16 años,

OCTUBRE 28: Juan Orlando Hernández
Presidente de República de Honduras
desde Enero 27, 2014

Abogado graduado de la Universidad Autónoma de Honduras.

Nacido en Gracias capital del departamento Lempira, Honduras, durante el primer período presidencial (no consecutivo) de Oswaldo Lopez Arellano (1921-2010)

1969

MARZO 18: Jimmy Morales
Presidente de República de Guatemala
desde Enero 14, 2016

Graduado de la Administración de Empresas de la Universidad San Carlos de Guatemala.
Estudió Teosofía en la Universidad Mariano Gálvez, Guatemala.
Actor comediante.

Nacido en Ciudad de Guatemala siendo presidente
Julio César Méndez Montenegro (1915-1998)

PRESIDENTE MAS
JOVEN EN AMERICA

SEPTIEMBRE 4: Giorgi Margvelashvili
Presidente de República de Georgia
desde Noviembre 17, 2013

Doctor en Filosofía de la Universidad Estatal de Tbilisi, Georgia
Posgraduado en la Universidad Central Europea, Budapest, Hungría.

Nacido en Tbisili, República Socialista Soviética de Georgia.

OCTUBRE 6: Muhammad V de Kelantan
Yang du Pertuan Agong (Sultán) de Malasia
desde Diciembre 13, 2016
Sultán de Kelantan desde Septiembre 13, 2010.

Estudió en el Centro de Estudios Islámicos de Oxford, Inglaterra

Nacido en Kota Bharu, capital de Kelantan durante el sultanato de su abuelo Yahya Petra (1917-1979)

DICIEMBRE 30: Kersti Kaljulaid
Presidente de República de Estonia
(primera mujer en ocupar este puesto en Estonia)
desde Octubre 10, 2016

Bióloga de la Universidad de Tartu, Estonia.
Graduada de Administración de Empresas

Nacido en Tartu, República Socialista Soviética de Estonia.

1969

1971

JUNIO 4: Joseph Kabila
Presidente de República Democrática del Congo (Congo Kinshasa)
desde Enero 26, 2001

Militar, fue niño soldado.

Nacido en Hewa Bora, Zaire (nombre del país por esa fecha)
durante la dictadura de Mobutu Sese Seko (1930-1997);
su padre, Desiré Kabila (1939-2001) derroca a Mobutu,
muere asesinado y Joseph es intalado en el poder.

PRESIDENTE
MAS JOVEN
EN AFRICA

1972

MAYO 16: Andrzej Duda
Presidente de República de Polonia
desde Agosto 16, 2015

Estudia Leyes en la Universidad Jagielonian, Cracovia, Polonia.

Nacido en Cracovia, República Popular de Polonia,
nombre del pais en la etapa comunista (1952-1989)

PRESIDENTE
MAS JOVEN

1975

FEBRERO 15: Igor Dodon
Presidente electo de de República de Moldavia
sucede a Nicolae Timofti, (nacido en 1948)
asumirá el cargo en Diciembre 23, 2016

Estudia Economía en la Universidad Estatal de Agricultura de Moldova.

Nacido en Sadova, República Socialista Soviética de Moldavia

(desde su inauguración será el presdiente más jóven)

1979

ENERO 1ro: Saleh Ali Al Sammad
Jefe del Consejo Politico Supremo de Yemen
desde Agosto 15, 2016

Al renunciar el presidente Abd Rabbuh Mansur Haddi bajo presión de los rebeldes houtis el Consejo Revolucionario Supremo toma el control de la capital yemenita y en Agosto 2016 transfiere sus funciones al Consejo Político Supremo. Declarando Mansur su renuncia como no válida se establece en otra ciudad existendo asi dos gobiernos paralelos y antagónicos en Yemen.

1980

FEBRERO 21 Jigme Khesar Namgyel Wangchuck
Rey de Buthan desde Diciembre 14, 2006

Graduado de Relaciones Internacionas en la Universidad Oxford, Inglaterra.

Nacido en Thimpu, Buthan durante el reinado de su padre Jigme Singye Wangchuck quien sienta las bases para la monarquía constitucional y abdica a favor de Jigme Khesar.

JUNIO 3: Tamim bin Hamad bin Khalifa Al Thani
Emir del estado de Catar desde Junio 25, 2013
Al abdicar su padre Hamad bin Khalifa Al Thani.

Estudió en Inglaterra incluida en la Academia Militar Real Sandhurts.

Nacido en Doha, Catar durante el mandato de su abuelo Khalifa bin Hamad bin Abdulla bin Jassim bin Mohammed Al Thani quien fuera depuesto en 1995 por su hijo (padre de Tamin)

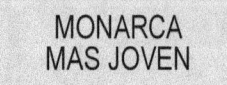
MONARCA
MAS JOVEN

1983

ENERO 8: Kim Jong Un
Líder Supremo de República Popular Democrática de Corea (Corea del Norte) desde Diciembre 29, 2011
a la muerte de su padre Kim Jong II

Graduado de la Universidad Kim II Sung, Corea del Norte.

Nacido en Pyong Yang, Corea del Norte durante el gobierno de su abuelo Kim II Sung (1912-1994), fundador de la R.P.D. de Corea y quien le fue concedid el título póstumo de "Presidente eterno"

JEFE DE ESTADO
MAS JOVEN

Desde el establecimiento del estado comunista fundado por Kim II Sung en 1948 el liderazgo del país ha pasado de padre a hijo.

NO ESTAN INCLUIDOS EN ESTA LINEA DEL TIEMPO
Fayez Al-Sarraj, Presidente del Consejo Presidencial de Libia (gobierno transitorio) desde Marzo 30, 2016,Nacido en Trípoli, Libia, Febrero 20, 1960 dada la ambigua situación de este país fraccionado al punto de existir tres gobiernos paralelos; Al Sarraj es reconocido por la comunidad internacional como el Jefe de Estado de Libia tras un acuerdo de reunificación el cual en la práctica no funcionó

Baldwin Lonsdale
Presidente de República de Vanuatu
desde Septiembre 22, 2014

Pastor Anglicano

Posiblemennte octogenario pero de fecha de nacimiento desconocida

OTRAS PERSONALIDADES DE POSIBLE INTERES

Angela Merkel, Canciller de Alemania desde Noviembre 2005
cumplió 62 años de edad en Julio 17.

Aung San Suu Kyi, prominente figura política burmesa, actual Consejera de Estado
cumplió 70 años de edad en Junio 19.

Ban Ki-moon, Secretario General de la ONU desde Enero 1ro 2007
Cumplió 74 años de edad en Junio 13, (nació en Corea del del Sur)

Donald Trump, presidente electo de Estados Unidos,
cumplió 70 años de edad en Junio 14;
es el presidente elegido con más edad en la historia de Estados Unidos.

Al Khameini, Lider Supremo de Irán desde Junio 1989
cumplió 77 años de edad en Julio 17.
(misma fecha del cumpleaños de Angela Merkel)

Tezin Giatzo, Dalai Lama desde Noviembre 17, 1950
cumplió 81 años de edad en Julio 6.

Joseph Aloisius Ratzinger, Sumo Pontífice de 2005 a 2013,
uno de los pocios en haber renunciado a tal posición, cumplió 89 años de edad en abril 27

Kim Yong Nam, Presidente de la Asamblea Suprema del Pueblo de Corea del Norte
desde Septiembre 1998, cumplirá 89 años de edad en Febrero 4

Henry Kissinger, ex Secretario de Estado de Estados Unidos
en el cargo durante la Guerra de Vietnam, cumplirá 94 en Mayo 27

Felipe de Edimburgo, príncipe consorte del Reino Unido (esposo de Elizabeth II)
cumplirá 95 años de edad en Junio 10

JEFES DE GOBIERNO DE LOS PAISES BAJO MONARQUIA PARLAMENTARIA

BAREIN: Khalifa bin Salman Al Khalifa (nacido en 1935) Primer Ministro desde Enero 1970

KUWAIT: Jaber Mubarak Al Sabah (nacido en Enero 1941) Primer Ministro desde Abril 2011

TONGA: Akisili Pohiva (nacido en Abril 1941) Primer Ministro desde Diciembre 2014

LESOTHO: Pakalitha Mosisili (nacido en 1945) Primer Ministro desde Marzo 2015
Mosisili ejerció previamente como Primer Ministro de 1998-2012

JORDAN: Hani Fawzi al-Mulki (nacido Octbre 1951) Primer Ministro desde Junio 2015

CAMBODIA: Hun Sen (nacido en 1952) Primer Ministro desde Noviembre 1998

MALASIA: Najib Razak (nacido en 1953) Primer Ministro desde Abril 2009

MARRUECOS: Abdelilah Benkirana (nacido en 1954) Primer Ministro desde Noviembre, 2011

TAILANDIA: Prayuth Chan-O-cha (nacido en Marzo 1954) Primer Ministro desde Mayo 22, 2014

JAPON: Shinzo Abe (nacido en Septiembre 1954) Primer Ministro Diciembre 2012

ESPAÑA: Mariano Rajoiy (nacido en Marzo 1955) Jefe del gobierno desde Diciembre 2011

MONACO: Serge Telle (nacido en Mayo 1955) Ministro del estado desde Febrero 2016

REINO UNIDO: Theresa May (nacida en Octubre, 1956) Primera Ministro desde Julio 2016

SUECIA: Stefan Lofven (nacido en 1957) Primer Ministro desde Octubre 2014

NORUEGA: Erna Solberg (nacida Febrero 1961) Primera Ministro desde Octubre 2013

LIECHTENTEIN: Adrian Hasler (nacido en Febrero 1964) Primer Ministro desde Marzo, 2013

DINAMARCA: Lars Lokke Ramussen (nacido en Mayo 1964) Primer Ministro desde Marzo 2013

CATAR: Abdullah bin Nasser bin Khalifa Al Thani (nacido en 1965) Primer Ministro desde Junio 2013

BUTHAN: Tshering Tobgay (nacido Septiembre 1965) Primer Ministro desde Julio 2013

HOLANDA: Mark Rutte (nacido en 1967) Primer Ministro desde Octubre 2010

LUXEMBURGO: Xavier Bettel (nacido en Marzo 1973) Primer Ministro desde Diciembre 2013

ACERCA DE ALGUNOS NOMBRES:

En algunos países asiáticos se antecede el apellido al nombre propio; asi, Xi Jinping, presidente de la República Popular China, se apellida Xi y su nombre es Jinping, asi sucede también en Taiwan, Mongolia, Corea y Viet-Nam. En los paises árabes se acostumbra a intercalar la sílaba "ibn" o "bin" para indicar "hijo de"; algunos incluyen en su nombre varias generaciones; el "apellido" es antecedido por la sílaba "Al". La próxima página contiene la lista de todos los nombres propios de los jefes de estado por orden alfabético separando los nombres de mujeres y hombres pues, para la sonoridad hispana, algunos pueden confundirse, también están separados los presidentes de la realeza. Esta lista puede ser útil si anda buscando nombre para su hijo e incluso para algún animal doméstico.

NOMBRES DE TODOS LOS JEFES DE ESTADO

PRESIDENTES:

Abd, Abdel, Abdelaziz, Abdulla, Ahmed, Alassane, Alesandr, Ali, Almazbek, Alpha, Andrej, Andrzej, Anthony, Ashraf, Azali,

Bakir, Bako, Baldwin, Barack, Baron, Bashar, Borut, Bounnhang, Brahim, Bujar, Charles,

Daniel, Danilo, Danny, David, Denis, Desire, Dragan,

Edgar, Elbegdorj, Emomalii, Enrique, Ernest, Evaristo, Evo,

Faure, Faustin, Fayez, Filip, Fouad, Francois,

George, Giorgi, Gjorge, Gudni, Gurbanguly,

Hage, Hashim, Hassan, Heinz, Hery, Horacio, Htin,

Ian, Ibrahim, Idris, Igor, Ilham, Isaias, Ismail.

Kyo-Ahn,

Jacob, Janos, Jinping, Jing-Yeou, Joachim, Jocelerme, Johan, Jonh, Joko, Jong-un, Jose Eduardo,

José María, Jose Mario, Joseph, Juan Carlos, Juan Manuel, Juan Orlando,

Khatri, Khalifa, Klaus, Leonid, Luis Guillermo,

Macky, Mahmoud, Mathrisala, Mamnoon, Marcelo,
Michael, Milos, Mohamed, Muhammad, Mulatu, Mustafa,

Nicolae, Nicolas, Nicos, Nursultan, Omar,

Patrice, Paul, Pedro Pablo, Peter, Petro, Pierre, Pranab, Prokopis, Quang,

Rafael, Raymons, Raúl, Recep, Reuven, Rodrigo, Rosen, Rosh,

Salva, Salvador, Sauli, Sergio, Serzh, Shavkat

Tabaré, Tamman, Taneti, Teorodro, Tufuga, Tomislav, Tommy, Tony,

Uhuru, Vladimir, Yayah, Yevgeny, Yoweri.

PRESIDENTAS:

Ameennah,
Bidhya,
Dalia, Dilma,
Ellen,
Hilda,
Ing-Wen
Kersti, Kolinda,
Marie Louise, Michelle.

MONARCAS:

Abdullah, Akihito, Albert,
Carl,
Elizabeth,
Felipe,
Hamad, Hans, Harald, Hassanal,
Jigme,
Letsie,
Margaret, Maha, Mohamed, Mohammad,
Philippe,
Quabus,
Salman, Shaba, Sihamoni, Swatti,
Tamin, Tupov,
Willem-Alezander.

Jefes de Estado fallecidos en funciones en 2016

Mohamed Abdelaziz Presidente de la República Arabe Sarahui desde 1982, murió en Mayo 31, 2016 con 68 años de edad, tras dedicarle su vida a la causa de la liberación del pueblo sarahui de Marruecos. Este territorio aún no es reconocido por la mayoría de la comunidad internacional.

Islam Karimov, presidió Turkmenistán desde 1990 (los dos primeros años en la era soviética) muere a los 78 años de edad en Septiembre 2016 sin dejar claro sucesor provocando tensión en la región centroasiática caracterizada por líderes autocráticos

Bumibhol Abdulyadej, (Rama IX) Rey de Tailandia, muere poco después de completar setenta años en el trono a los 88 años de edad en Octubre 2016; dos años antes un golpe de estado habia puesto al frente del pais al militar Prayut-Chan-o-cha algo no ajeno a al historia de esta país donde, sin embargo, no se ha renunciado a tener un monarca como Jefe de Estado. Tras la breve regencia del presidente del Consejo del Rey Prem Tisulanonga (de 96 años de edad) es coronado Maha Vajiralongkorn, hijo de Bhumibol, como Rama X.

También

En Noviembre 25 fallece, con 90 años de edad, Fidel Castro, emblemático líder de la Revolución Cubana, dictador por casi medio siglo y figura clave durante la Guerra Fria sobretodo en el hemisferio occidental pero de alcance global; en 2008 se retiró por problemas de salud pero fue sucedido por su hermano Raúl.

Además muieron en 2016 **Shimon Peres** prominente politico israelí quien ocupara varios cargos a lo largo de su carrera: Secretario Relaciones Exteriores, de Defensa y de Finanzas, Primer Ministro y finalmente presidente cargo del cual se retira un mes después de cumplir los 90 años de edad siendo el Jefe de Estado de más edad.

Marvin Laird, ex Secretario de Defensa de los Estados Unidos quien, en el cargo, supervisó la retirada de las tropas norteamericanas de Viet Nam.

Botros Boutros-Ghali político egipcio quien fuera Secretario de Relaciones Exteriores de su país, Secretario General de la Francofonía (paises de habla francesa) y Secretario General de la ONU de 1992 a 1996

Jorge Batlle expresidente uruguayo (primer presidente de Uruguay del siglo XXI) muere un día antes de cumplir los 89 años de edad al resbalarse, caer y golpearse la cabeza después de una reunión relacionada con su Partido Colorado; a pesar de su edad seguía activo en la política nacional.

Janet Reno ex Secretaria de Justicia de Estados Unidos involucrada en el caso del niño balsero cubano Elián González, evento que conmovió a la comunidad cubana en el país y polarizó las opiniones en el mundo. Reno se postuló posteriormente, a la gobernatura de La Florida no siendo elegida.

JEFES DE GOBIERNO Y GOBERNADORES (*)
DE LA MANCOMUNIDAD BRITANICA DE NACIONES (**)
(Edad entre paréntesis)

ANTIGUA Y BARBUDA: Primer Ministro: Gaston Browne(49);
Gobernador: Rodney Williams (***)

AUSTRALIA: Primer Ministro: Malcolm Tumbull (62);
Gobernador: Sir Peter Cosgrove (69)

BAHAMAS: Primer Ministro: Perry Christie (73);
Gobernadora: Dame Magarite Pinding (84)

BARBADOS: Primer Ministro: Freundel Stuart (65);
Gobernador: Elliot Belgrave (85)

BELICE: Primer Ministro: Dean Barrow 65);
Gobernador: Colville Young (84)

CANADA: Primer Ministro: Justin Trudeau (44);
Gobernador: David Johnston (75)

GRANADA: Primer Ministro: Keith Mitchell (70);
Gobernadora: Cecile Le Grenade (63)

JAMAICA: Primer Ministro: Andrew Holness (44);
Gobernador: Patrick Alley(65)

NUEVA ZELANDA: Primer Ministro: Bill English (55);
Gobernadora: Dame Patsy Reddy (62)

PAPUA NUEVA GUINEA: Primer Ministro: Peter O'Neil (51);
Gobernador: Michael Ogio (74)

SAN CRISTOBAL Y NIEVES: Primer Ministro: Thimothy Harris (52);
Gobernador: Sir Tapley Seaton (66)

SANTA LUCIA: Primer Ministro: Allen Chastanet (56?);
Gobernadora: Pearlette Lousy (70)

SAN VICENTE Y GRANADINAS: Primer Ministro: Ralph Gonzalvez (70);
Gobernador: Frederick Ballantyne (80)

ISLAS SALOMON: Primer Ministro: Manasseh Sogavare (61);
Gobernador: Frank Kabui (70)

TUVALU (****): Primer Ministro: Enele Sopoaga (60);
Gobernador: Iakoba Italeli (***)

(*) El gobernador es apuntado por el monarca para
representar a la corona británica en su territorio;
es una figura ceremonial.

(**) Existen otros más de treinta paises integrantes de la Mancomunidad
Británica de Naciones, en su mayoría excolonias inglesas
pero ahora independientes y con sus propios Jefes de Estado.

(***) Edad desconocida.

(****) En Tuvalu se rinde culto religioso a Felipe de Edimburgo,
príncipe consorte del Reino Unido, esposo de Elizabeth II.

Al cierre de esta edición
de TIMELINEMAG
se han elegido ya otros cinco presidentes
quienes se inaugurarán
en Enero o Febrero:
Nana Akufo-Addo de Ghana (72), Donald
Trump de Estados Unidos (70),
Rumen Radev, de Bulgaria (53),
Adama Barrow, La Gambia (51)
y Jovenel Moise, Haití (48)